www.entdecke.de

Entdecke
die Bären
David Bittner in Zusammenarbeit mit Ursula Amstutz

Titelbild: Bären sind unglaublich faszinierende Tiere!
Rückseite: Zwei junge Braunbären im Wald
Vorsatz: Kamtschatka-Braunbär

3. Auflage 2024

ISBN: 978-86659-488-3

An der Kleimannbrücke 39/41
48157 Münster
Tel.: 0251-13339-0; Fax: 0251-13339-33
E-Mail: verlag@ms-verlag.de
Home: www.ms-verlag.de
Geschäftsführung: Matthias Schmidt
Layout: Agneta Becker
Lektorat und Bildredaktion: Kriton Kunz
Druck: Drusala, Dobrá

Für Léonie und Rowena

Titelbild: David Bittner
Rückseite: Shutterstock/Volodymyr Burdiak
Vorsatz: Shutterstock / Lubos Chlubny

mauritius images
S. 10 oben: Science Source / LOC
S. 14 ganz links: Gerard Lacz
S. 17: Arterra Picture Library / Alamy
S. 18/19: Minden Pictures / Mark Raycroft
S. 19 Mitte: Minden Pictures / Suzi Eszterhas
S. 20: David & Micha Sheldon
S. 22: Anan Kaewkhammul / Alamy
S. 25: Aditya „Dicky“ Singh / Alamy
S. 28 unten: Minden Pictures / Pete Oxford
S. 31 rechts oben: NPL / MYN / Carsten Krieger
S. 32 oben rechts: PureStock / Alamy
S. 42/43: Reiner Bernhardt
S. 44 unten: Minden Pictures / Suzi Eszterhas
S. 45 oben: NPL / Oliver Scholey
S. 46: Reinhard Hölzl / imageBROKER
S. 47 oben: age fotostock / F. J. Fdez. Bordonada
S. 51 rechts unten: imageBROKER / FLPA/Ignacio Yufera

shutterstock
S. 1: Erik Mandre
S. 8/9: KRagona
S. 8 links: Zyankarlo
S. 10/11: Dennis W Donohue
S. 11 unten: Sergio Rodriguez_photo
S. 12 unten: Eric Isselee
S. 14 rechts: Chipmunk131
S. 15 oben: Yory Frenklakh
S. 16/17: Sylvie Bouchard
S. 19 unten: NaturesMomentsuk
S. 21: Eky Studio
S. 23: vanchai
S. 24 oben: PhotocechCZ
S. 24 unten: Martin Mecnarowski
S. 26 links: Anan Kaewkhammul
S. 26 unten: Vladislav T. Jirousek
S. 27: Esther Kolis
S. 28 links: Billion Photos
S. 29: Eric Isselee
S. 30 links: Eric Isselee
S. 30 oben: Unknown man
S. 30 unten: Sonsedska Yuliia
S. 31 oben: Eric Isselee
S. 31 unten: Rosa Jay
S. 31 rechts oben: Jacob J Everitt
S. 32 rechts: Antonio Tanzillo
S. 33: Erik Mandre
S. 34 unten: Sergey Uryadnikov
S. 37 oben rechts: Tomas Hulik ARTpoint
S. 48/49 oben: Liliana Danila
S. 48/49 unten: Benton Frizer
S. 50/51: Benton Frizer
S. 51 rechts oben: Alisa Khliestkova
S. 55 oben: SergAull
S. 60/61: Benton Frizer

iStock
S. 38/39: webguzs
S. 47 unten: Bigandt_Photography

Juhno Cho
S. 6/7

David Bittner
S. 2/3
S. 4/5
S. 13
S. 15 unten
S. 34 oben rechts
S. 35
S. 36 oben
S. 36 unten
S. 37 oben links
S. 37 unten
S. 38 oben
S. 40 oben
S. 40 links
S. 41
S. 42 unten
S. 44 oben
S. 45 unten
S. 47 unten
S. 49 oben
S. 52/53
S. 54/55
S. 56 oben
S. 56/57
S. 58 unten
S. 58/59
S. 60 ganz oben, oben, Mitte, unten
S. 61
S. 62/63
S. 64

Inhaltsverzeichnis

Willkommen in der Welt der Bären!

Hast Du schon einmal einen Bären in freier Wildbahn beobachtet? Wahrscheinlich nicht, aber vielleicht schon mal in einem Zoo. Bären kannst Du in fast jedem Tierpark finden.

Bären sind sehr groß und stark, und viele Menschen haben Respekt und bestimmt auch ein wenig Angst vor ihnen. Gleichzeitig ist der Teddybär aber das beliebteste Kuscheltier überhaupt! Hast Du nicht auch einen Plüschbären zu Hause? War oder ist er vielleicht sogar Dein Lieblingskuscheltier, Dein bester Freund? Es sind wahrscheinlich genau diese Gegensätze, weshalb Bären uns so berühren.

In diesem Buch möchten wir Dir das Tier Bär vorstellen und näherbringen. Bären sind hochintelligente Wesen und lassen uns über ihre vielen einzigartigen Verhaltensweisen staunen.

Natürlich zeigen wir Dir auch, wo Du Bären am besten beobachten kannst und wie Du Dich bei einer Begegnung mit einem solchen Tier in der freien Natur verhalten solltest. Als Bärenforscher und Naturfotograf habe ich (David Bittner) sehr viel Zeit mit Bären verbracht. Von diesen persönlichen Erlebnissen mit wilden Bären möchte ich Dir erzählen und Dir ein paar meiner Lieblingsbären vorstellen. Zum Beispiel Luunie, ein Bärenweibchen, das ich bereits seit vielen Jahren kenne.

Bären sind wunderbare Tiere, und es lohnt sich, wenn wir uns für ihren Schutz einsetzen. Komm mit uns in die Welt der Bären und erfahre viel Spannendes und Erstaunliches – wir wünschen Dir viel Spaß!

Innige Beziehung

Bären faszinieren uns Menschen schon seit Urzeiten, denn wir haben eine ganz besondere Verbindung zu diesen Tieren. Sie können in uns starke Gefühle auslösen – bei Dir auch?

Warum heißt der Teddybär eigentlich Teddy?

Hast Du Dir schon einmal überlegt, warum unser kuscheliger Freund im Kinderzimmer eigentlich Teddybär heißt? Dieser Name stammt von einem früheren Präsidenten der USA mit dem Namen Theodore Roosevelt. Sein Vorname, Theodore, wird oft mit Teddy abgekürzt. Im Jahr 1902 war Präsident „Teddy“ Roosevelt auf Bärenjagd. Seine Gefährten banden einen jungen Bären an einen Baum, damit der Präsident ihn leichter erlegen konnte. Er hatte aber Mitleid mit dem Bären und wollte ihn nicht erschießen. Die Geschichte kam in die Zeitungen, und es wurde von „Teddy“ und dem Bären erzählt. Daraufhin hatte der Besitzer eines Süßwarenladens in New York die Idee, Plüschbären mit dem Namen Teddy zu verkaufen. Der Teddybär war geboren – und wurde ein Riesenerfolg, bis heute.

Verehrt seit Urzeiten - Bärenkult und Bärenmedizin

Die Beziehung zwischen Mensch und Bär ist uralt. Wir bewundern die Kraft und Ausdauer der Bären seit Tausenden von Jahren. Bestimmt hast Du schon einmal Höhlenmalereien aus der Steinzeit gesehen. Einige davon zeigen auch Bären. Das ist ein Hinweis, dass die Menschen sie bereits damals verehrt haben.

Der Bär war bei vielen Völkern ein Symboltier. Sie glaubten, dass der Geist des Bären Kraft bringt und sie beschützt. Auf der nördlichen Halbkugel unserer Erde war er der König der Tiere, so wie der Löwe oder Tiger weiter im Süden.

Bären können wie nur wenige andere Tiere auf ihren Hinterbeinen gehen. Darum wurden sie oft mit uns Menschen verglichen. Viele Urvölker glaubten, dass man nach dem Tod sogar als Bär wiedergeboren wird. Unsere Vorfahren sahen die Bären außerdem als sehr weise an. Sie beobachteten, wie die Bären jedes Jahr im Herbst verschwanden, bevor der Winter kam. Wie durch ein Wunder tauchten sie im Frühling wieder auf und brachten neues Leben mit sich. Für unsere Urahnen war es ein Zeichen der Weisheit, wie die Bären den harten Winter überstehen konnten. Manche Völker glaubten sogar, dass es die Bären waren, welche die Jahreszeiten steuerten!
Die Menschen früher haben Bären auch gejagt. Sie wurden gerade deshalb verehrt und bewundert, weil ihr Fleisch den Menschen Nahrung und ihre Felle Wärme brachten.

Der Höhlenbär lebte mit unseren Vorfahren in der Steinzeit, wahrscheinlich jagten sie ihn sogar. Sein Name stammt daher, dass seine Knochen in vielen Höhlen Europas entdeckt wurden. Er war deutlich größer als der heutige Braunbär und starb vor etwa 25 000 Jahren aus, so wie auch das Mammut.

Der Geist des Bären

Unsere Vorfahren glaubten, dass der Geist der Bären heilen kann. Schamanen oder Medizinmänner meinten, die Kraft des Bären lebe nach seinem Tod in Fell, Krallen, Zähnen und Knochen weiter. Sie benutzten diese Körperteile daher für Rituale. So berührten sie eine Wunde mit Bärenkrallen, damit sie besser heilen konnte.

Der „Große Bär“

Eine Legende der Meskwaki-Indianer erzählt die Geschichte, weshalb das Sternbild des Großen Bären auf einer endlosen Reise den Polarstern umkreist. Vor langer Zeit waren drei Brüder auf Bärenjagd. Einer von ihnen ging in eine Bärenhöhle und stieß einen schlafenden Bären mit seinem Pfeilbogen an. Das Tier wachte auf und rannte davon, doch die drei Brüder folgten ihm. Der Bär lief zuerst nach Norden, dann nach Osten und schließlich nach Westen. Nach langer Zeit hielten die Brüder inne. Jetzt bemerkten sie, dass sich die Erde unter ihnen befand. Es war zu spät! Sie waren im Himmel, jagen seither den Großen Bären um den Polarstern und kommen niemals zur Ruhe. Auf dieser Illustration siehst Du das Sternbild des Großen Bären.

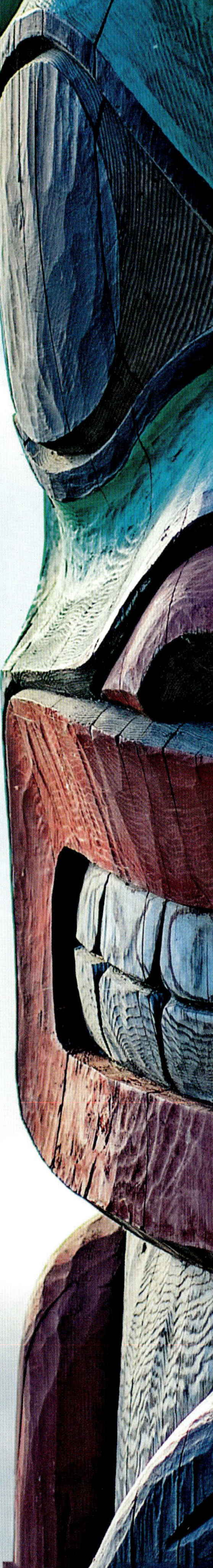

Noch heute kannst Du Beweise für die besondere Beziehung zwischen Mensch und Bär finden, und zwar überall, wo Menschen und Bären am gleichen Ort zu Hause waren. Bei den Ureinwohnern Nordamerikas findest Du Bären als Totem, also ein Zeichen, das für die mythische Verwandtschaft zwischen Bären und Menschen steht. Bei uns in Europa taucht der Bär als Wappentier und in Ortsnamen auf. Es gibt auch unzählige Restaurants mit dem Namen „Bären“. Den Großen Bären als Sternzeichen am Nachthimmel kennst Du sicher auch! Und hat Dir nicht schon mal jemand einen „Bären aufgebunden“?

Der Bär spielt auch in Geschichten, die wir uns seit Jahrhunderten erzählen, eine wichtige Rolle. So kommen Bären in den Märchen vor, die die Brüder Grimm aufgezeichnet haben: In der Geschichte von Schneeweißchen und Rosenrot beispielsweise ist ein Prinz in einen Bären verzaubert worden.

Im Dschungelbuch zieht Mogli mit dem Bären Balu durch den Regenwald. Und kennst Du die Geschichte von „Goldlöckchen und den drei Bären“ oder diejenigen vom Bären Pu, von Petzi oder von Paddington? Sicher kannst Du noch mehr Kindergeschichten mit Bären aufzählen!

Der Bär ist auch das Wahrzeichen des Bundeslandes und der Stadt Berlin – wahrscheinlich wegen der Ähnlichkeit im Namen, obwohl „Berlin“ in Wirklichkeit gar nichts mit „Bär“ zu tun hat

Diese Bärendarstellung schmückt einen Totempfahl nordamerikanischer Indianer

Da kommt einem die Galle hoch!

Gallenflüssigkeit wird normalerweise in den Darm abgegeben und hilft beim Verdauen von fetthaltiger Nahrung. Bärengalle wird aber auch seit Jahrtausenden in der chinesischen Medizin verwendet und gilt als Allheilmittel. Sie wird sogar bei schweren Krankheiten wie Krebs benutzt, wobei sie allerdings in Wirklichkeit gar nichts nützt.

Lange Zeit wurden Bären erbittert gejagt

Verteufelung und Ausrottung

Im Mittelalter wandelte sich das Bild der Menschen von den Bären. Sie wurden nicht mehr verehrt, sondern mehr und mehr gefürchtet. In dieser Zeit wurde der Bär auch tatsächlich zu einer größeren Bedrohung für die Menschen. Weil die Bevölkerung wuchs, brauchten die Menschen immer mehr Holz zum Kochen und Heizen. Die Wälder wurden abgeholzt. Damit wurde der Lebensraum der Bären immer kleiner. Die Tiere mussten sich ihre Nahrung anderswo suchen und raubten den Menschen häufiger ihr Vieh. So wurden sie als Feind betrachtet, als blutrünstige Monster und mörderische Bestien.

Bären wurden gejagt und vergiftet, genau wie auch die Wölfe und Luchse. In Deutschland und Österreich wurden die letzten wilden Bären um 1830 getötet. Der letzte Schweizer Bär wurde 1904 in Graubünden erlegt. Weltweit verlor der Braunbär in kurzer Zeit fast sein ganzes ursprüngliches Verbreitungsgebiet. Während ein paar hundert Jahre vorher noch hunderttausende Bären durch die Wälder gestreift waren, lebten in diesen Gebieten nun nur noch ganz wenige oder gar keine mehr.

Der Mensch verteufelte Bären als aggressive Bestien

Die Jagd mit der Lanze wie hier auf einer Darstellung aus dem Mittelalter war nicht ungefährlich

Bärenvorfahren und die Familie der Großbären

Bären sind Säugetiere, wie wir Menschen. Das heißt, dass ihre Jungen in der ersten Zeit, nachdem sie zur Welt gekommen sind, Muttermilch trinken.

Innerhalb der Säugetiere gehören die Bären zu den Raubtieren. Bei den Raubtieren unterscheidet man zwischen den Katzenartigen, wie Tiger und Löwe, und den Hundeartigen, zu denen beispielsweise Bären und Wölfe gehören. Katzenartige, Hundeartige sowie auch die Robben stammen alle von einem gemeinsamen Vorfahren ab.

Vor etwa fünf Millionen Jahren tauchten die ersten Vertreter der Familie der Echten Bären auf, die auch Großbären genannt werden. Sie waren weit verbreitet in Europa, Asien und Nordamerika.

Unabhängig von den Großbären entwickelte sich die Familie der Kleinbären, zu der beispielsweise der Waschbär gehört.

Heute kennen wir insgesamt acht Arten von Großbären. Alle haben einen ähnlichen Körper: Sie sind stämmig und besitzen sehr kräftige Beine. Ihre Augen und Ohren sind eher klein, die Ohren meist aufgerichtet. Großbären besitzen allesamt einen kleinen Stummelschwanz. Die Tatzen sind kräftig und mit Krallen versehen. Im Gegensatz zu den Katzen (mit Ausnahme des Gepards) können Bären ihre Krallen aber nicht einziehen. Großbären werden in freier Wildbahn etwa 20 bis 25 Jahre alt.

Alle Großbären sind wie wir Menschen sogenannte Sohlengänger: Sie berühren beim Gehen den Boden mit der ganzen Sohle. Hunde und Katzen dagegen gehen auf den Zehen, Huftiere wie die Pferde und Kühe sogar nur auf ihren Zehenspitzen – denn das sind ihre Hufe.

Die Großbären im Porträt

In den folgenden Kapiteln möchten wir Dir nun die einzelnen Bärenarten ausführlich vorstellen. Du wirst bemerken, dass es viele Gemeinsamkeiten gibt, aber auch spannende Unterschiede!

Los geht's mit diesem Braunbären zu den Bärenporträts!

Der größte Bär – der Kodiakbär

Während der letzten Eiszeit vor etwa 12 000 Jahren war die Kodiakinsel in Alaska durch Eis noch mit dem Festland verbunden. Einige Braunbären konnten das Gebiet daher besiedeln. Als sich das Eis wieder zurückzog, wurden sie vom Festland abgeschnitten. Der Lebensraum auf der Kodiakinsel war ideal für die Bären, sodass bald einige Tausend von ihnen dort lebten. Kodiakbären sind wahre Riesen! Ein Kodiakbär kann über 800 Kilogramm schwer werden und eine Schulterhöhe von über eineinhalb Meter erreichen. Auf den Hinterbeinen aufgerichtet ist ein solcher Bär etwa drei Meter groß! Kannst Du Dir vorstellen, wie es wäre, wenn ein solcher Riese vor Dir stehen würde? Wahrscheinlich werden diese Bären so riesengroß, weil es auf der Kodiakinsel so viel Nahrung für sie gibt.

Der Braunbär ist für uns Menschen in Europa der bekannteste Bär

Braunbär

Der Braunbär ist auf der gesamten nördlichen Erdhalbkugel verbreitet. Er kommt bei uns in Europa, in Asien und in Nordamerika vor. Noch vor wenigen hundert Jahren war er der zahlreichste Vertreter aller Großbären. Heute wird geschätzt, dass es auf der ganzen Welt etwa noch 200 000 Braunbären gibt. Die meisten Braunbären leben in Nordamerika, vor allem in Alaska und in Sibirien im Norden Russlands.

Der sagenumwobenste Braunbär ist der Grizzlybär. So werden Braunbären genannt, die im im Landesinneren von Nordamerika leben. Der Name stammt von der gräulichen Farbe ihres Fells: Das englische Wort „grizzly" bedeutet nämlich „gräulich".

Typisch für alle Braunbären ist der muskulöse Buckel zwischen ihren Schultern. Er verleiht ihren Vorderbeinen zusätzliche Kraft. Dieser Buckel ist das beste Merkmal, um einen Braunbären von einem Schwarzbären zu unterscheiden – und nicht etwa die Farbe ihres Fells. Auch wenn man es ihres Namens wegen vermuten würde: Das Fell eines Braunbären ist längst nicht immer braun! Es gibt Braunbären mit einem blonden Fell, aber auch solche, deren Fell fast schwarz ist.

Braunbären haben 42 Zähne. Sie werden 1,5 bis 2,8 Meter lang, ihre Schulterhöhe beträgt 0,9 bis 1,5 Meter. Große Braunbärenmännchen können über 500 Kilogramm schwer werden. Zum Vergleich: Wie groß und schwer bist Du?

Am größten werden diejenigen Braunbären, die in Alaska in Nordamerika und Kamtschatka in Asien an der Küste leben und daher auch Küstenbraunbären genannt werden. Die allergrößten Braunbären sind die Kodiakbären, die ebenfalls in Alaska zu Hause sind, und zwar auf der Insel Kodiak.

Braunbären können sogar in der Wüste leben! Der Syrische Braunbär, den Du oben siehst, und der Gobi-Braunbär sind sogenannte Wüstenbraunbären. Sie sind extrem scheu und leben zurückgezogen. Beide sind stark vom Aussterben bedroht. Man schätzt, dass es nur noch je 25 bis 30 dieser besonderen Tiere weltweit in der Natur gibt.

Braunbären sind auf der Nordhalbkugel der Erde weit verbreitet

Eisbären sind hervorragende Schwimmer und Taucher

Schwimmrekord unter Bären

Eisbären sind extrem gute Schwimmer und können problemlos zwei Minuten tauchen. Im Jahr 2008 schwamm ein Weibchen neun Tage ohne Unterbrechung und legte dabei eine Strecke von 687 Kilometern zurück. Das ist die gleiche Distanz, wie wenn das Tier von der Schweizer Grenze den ganzen Rhein flussabwärts geschwommen wäre, bis zu seiner Mündung ins Meer! Weil die Eisbärin ein Senderhalsband trug, konnten Forscher diese beeindruckende Leistung dokumentieren.

Eisbär

Der Eisbär stammt direkt vom Braunbären ab – seine Vorfahren waren also Braunbären. Wie ihr Name schon vermuten lässt, kommen Eisbären im hohen Norden vor. Sie sind perfekt an ihre Umwelt angepasst. Ihr weißes Fell ist auf dem Eis und im Schnee die beste Tarnung. Erstaunlich ist allerdings, dass ihre Haut schwarz ist. Die weißen Haare leiten nämlich das Sonnenlicht direkt an die Haut, und eine schwarze Fläche wärmt sich schnell auf.

Eisbären sind neben den Kodiakbären die größten Bären weltweit. Größere Männchen werden 500 bis 700 Kilogramm schwer und erreichen eine Schulterhöhe von etwa 1,6 Metern. Weibchen werden nur etwa halb so groß.

Der Eisbär ist als einziger Großbär in der Natur ein fast reiner Fleischfresser. Zum Jagen braucht er Eisflächen, um an seine Hauptbeute zu kommen: Robben.

Leider ist der Eisbär vom Aussterben bedroht, weil sein Lebensraum wegen der Klimaerwärmung verschwindet. Zurzeit gibt es weltweit nur noch ca. 20 000 Eisbären.

Der Cappucinobär – eine Kreuzung zwischen Braun- und Eisbär

Weil Braun- und Eisbären nahe miteinander verwandt sind, können sie sich untereinander kreuzen, also gemeinsame Junge bekommen. Diese Mischlinge werden wegen ihrer Farbe auch Cappucinobären genannt – und sie werden häufiger: Aufgrund der Klimaerwärmung wandern die nordamerikanischen Braunbären weiter in den Norden. Weil dort das Eis immer mehr schmilzt, kommen die Eisbären vermehrt auf das Festland, um Nahrung zu suchen. So begegnen sich Braun- und Eisbären immer häufiger, und es kommt zu Kreuzungen.

Der Schwarzbär ist die häufigste Bärenart der Welt

Schwarzbär

Der Schwarzbär kommt ausschließlich in Nordamerika vor. Dort ist er weit verbreitet – von Alaska im Norden bis in den Süden Mexikos. Mit etwa 600 000 Tieren ist der Schwarzbär heute der häufigste Großbär auf der Welt.

Der Amerikanische Schwarzbär, wie er ganz korrekt genannt wird, kann 200 bis 350 Kilogramm schwer werden. Er erreicht eine Körperlänge von 1,5 bis 1,8 Metern und eine Schulterhöhe von etwa einem Meter. Schwarzbären sind also nur halb so groß wie Braun- oder Eisbären.

Sie sind ausgesprochen gute Kletterer und erklimmen problemlos Bäume – im Gegensatz zu erwachsenen Braunbären, die dafür oft zu schwer sind. Schwarzbären leben teilweise im selben Gebiet wie Braunbären. Sie halten sich jedoch am liebsten von den Braunbären fern.

Schwarzbären sind typische Allesfresser, aber sie ernähren sich hauptsächlich von Pflanzen.

Schwarz- oder Braunbär?

Schwarzbären sind zwar meistens kleiner als Braunbären, aber längst nicht immer! Auch die Farbe ihres Fells ist nicht immer Schwarz, wie Du auf diesem Foto siehst: Es gibt auch Schwarzbären mit einem braunen oder sogar einem weißen Fell. Deswegen kann man nicht nur auf die Größe und auf die Fellfarbe schauen, um Schwarzbären von Braunbären zu unterscheiden.
Am besten lässt sich ein Schwarzbär daran erkennen, dass er im Schulterbereich keinen Buckel besitzt wie die Braunbären. Schwarzbären haben auch eine flachere Stirn, ein etwas schmaleres Gesicht und längere Ohren. Bei Schwarzbären ist außerdem die Nase oft etwas heller gefärbt, und ihre Krallen sind etwas kürzer.

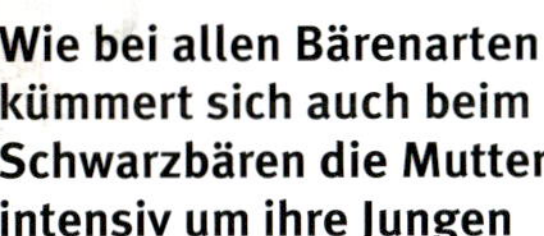

Wie bei allen Bärenarten kümmert sich auch beim Schwarzbären die Mutter intensiv um ihre Jungen

Geisterbären

Eine Besonderheit unter den Schwarzbären sind die sogenannten Geisterbären. Sie leben auf abgelegenen Inseln an der Westküste Kanadas und haben ein weißes Fell. Sie sind aber keine Albinos, also Exemplare ohne Pigmente in Haut, Haaren und Iris der Augen, wie es das bei anderen Tierarten und auch beim Menschen gibt. Geisterbären haben keine roten Augen und auch keine weiße Haut wie die Albinos. Einfach durch eine zufällige Veränderung ihres Erbgutes, eine sogenannte Genmutation, ist ihr Fell ganz weiß. Es gibt nur etwa 300 dieser seltenen Bären. Für die einheimischen Indianer sind diese Geisterbären heilig.

An seiner Gesichtszeichnung ist der Brillenbär leicht zu erkennen

Brillenbär

Der Brillenbär ist ein ganz besonderer Vertreter der Großbärenfamilie: Er ist die einzige Art, die in Südamerika vorkommt. Sein Markenzeichen sind helle Halbringe um seine Augen, die aussehen wie eine Brille – daher der Name. Auch das Fell seiner Schnauze und am Hals ist hell gefärbt. Das übrige Fell der Brillenbären ist schwarz.

Brillenbären leben im Regenwald und halten sich gerne auf Bäumen auf. Dabei klettern sie oft bis in die oberste Baumkrone! Sie kommen aber auch in sehr trockenen Gebieten vor. Weil Brillenbären vor allem in der großen Bergkette Südamerikas leben, den Anden, werden sie auch Andenbären genannt.

Diese Bären sind dämmerungs- und nachtaktiv und fressen vor allem Früchte und andere pflanzliche Nahrung. Deswegen haben sie sehr starke Muskeln zum Kauen und kräftige Backenzähne, mit denen sie die Pflanzenfasern zerkleinern.

Brillenbären werden 80 bis 170 Kilogramm schwer und 1,2 bis 1,9 Meter lang. Nach dem Tapir, einer mit den Pferden verwandten Tierart, ist der Brillenbär das zweitgrößte Säugetier Südamerikas.

Kragenbär

Diese Art erkennst Du an einem weißen Halbmond auf ihrer Brust. Ihren Namen haben die Tiere aber nicht von dieser Fellzeichnung, sondern weil ihr Fell am Hals besonders lang ist und somit an einen Kragen erinnert. Ihr Fell ist meistens schwarz oder ganz dunkelbraun gefärbt.

Der Kragenbär ist weit verbreitet: im zentralen und östlichen Asien, von Afghanistan und Iran über Russland bis nach Vietnam und Japan. Er kommt in Laubwäldern und tropischen Regenwäldern vor, aber auch in Sibirien.

Kragenbären sind Allesfresser. Sie nehmen viel pflanzliche Nahrung zu sich, wie Früchte und Nüsse, zudem Insekten und bei Gelegenheit tote Tiere, also Aas.

Kragenbären sind kleiner als Braun- und Schwarzbären: 80 bis 180 Kilogramm schwer und 1,2 bis 1,8 Meter lang werden diese Tiere. Sie können sehr gut klettern und verbringen viel Zeit auf Bäumen. Deswegen sind ihre Oberkörper und ihre Vorderbeine besonders kräftig.

Kragenbären sind nahe mit Schwarzbären verwandt. Aus diesem Grund werden sie manchmal auch Asiatische Schwarzbären genannt.

Wegen ihrer Fellfärbung werden Kragenbären auch ‚Mondbären' genannt. Wie Du oben siehst, besitzen schon Jungtiere den typischen „Kragen".

Dieser Kragenbär ruht sich gemütlich in einer Baumkrone aus

Auf Mutters Rücken lässt es sich bequem und sicher reiten

Lippenbär

Der Lippenbär hat ein langes, zotteliges Fell. Es sieht aus, als wäre es gerade von einer Windböe zerzaust worden. Ihren Namen verdanken die Lippenbären natürlich ihren Lippen, besonders der Unterlippe. Diese ist sehr groß und die Tiere können sie weit ausstrecken. So erreichen sie ihre Lieblingsnahrung besser, Ameisen und Termiten. Außerdem haben sie eine extrem lange Zunge. Diese können sie weit in einen Termitenhügel hineinstrecken, sodass die Beute daran kleben bleibt. Am häufigsten fressen Lippenbären aber Früchte. Weil sie weniger Pflanzen verzehren als andere Bärenarten, sind ihre Backenzähne kleiner.

Lippenbären kommen nur in Südasien vor, zum Beispiel in Indien und Sri Lanka. Sie werden 90 bis 140 Kilogramm schwer und 1,4 bis 1,8 Meter lang.

Die Art kommt in verschiedenen Lebensräumen vor, von steppenartigen Gegenden bis in den tropischen Regenwald. Du denkst vielleicht, dass ein langes Fell unpraktisch ist für einen Bären, der in so heißen Ländern wie Indien lebt. Tatsächlich hält aber genau dieses lange Fell die Hitze und die Sonne ab, ähnlich wie die weiten Gewänder der Beduinen in der Wüste.

Auf der Suche nach Früchten, Ameisen und Termiten legen Lippenbären weite Strecken zurück

Tiger erbeuten manchmal Lippenbären, aber diese verteidigen sich verbissen und können den Angreifer schwer verletzen und in die Flucht schlagen

Der Malaienbär ist der kleinste Großbär

Malaienbär

Der Kleinste unter den Großbären ist der Malaienbär. Er lebt in tropischen Regenwäldern Südostasiens und wird oft auch Sonnenbär genannt. Die Bezeichnung kommt von einem gelblichen Fleck auf seiner Brust, auch wenn dieser eher die Form eines Halbmondes hat.

Der Malaienbär wiegt zwischen 30 und 70 Kilogramm und ist etwa 1,0 bis 1,4 Meter lang, also etwa so groß wie ein Bernhardinerhund. Er ist mit seinen spitzen Krallen perfekt ans Klettern und an ein Leben in Bäumen angepasst – dort verschläft er den Tag. Nachts macht sich der Allesfresser vor allem auf die Suche nach Insekten, aber auch nach Früchten.

Einen Leckerbissen lieben Malaienbären besonders: Honig! Genau wie Lippenbären haben auch Malaienbären eine sehr lange Zunge, die sie bis zu 25 Zentimeter weit ausstrecken können. Damit schlecken sie den süßen Honig aus den Bienenstöcken. Ihr dichtes Fell schützt sie dabei weitgehend gegen Stiche.

Malaienbären leben scheu, sind Einzelgänger und oft nachtaktiv. Es gibt nur noch wenige frei lebende Exemplare, da ihr Lebensraum, der tropische Regenwald, zunehmend vernichtet wird. Weil sie in den Tropen leben, wo es keinen Winter gibt wie bei uns, halten Malaienbären keine Winterruhe.

Mit ihrer langen Zunge kommen Malaienbären prima an versteckte Insekten und Honig

Malaienbären gibt es nur noch wenige, weil ihr Lebensraum, der tropische Regenwald, immer stärker zerstört wird

Wenig Nährstoffe

Bambus enthält nicht viele Nährstoffe. Darum müssen Pandabären täglich bis zu 20, manchmal sogar bis 40 Kilogramm davon fressen.

Großer Panda

Das letzte Mitglied der Großbärenfamilie kennst Du bestimmt: den Großen Panda, der oft auch einfach Pandabär genannt wird. Er lebt in abgelegenen Wäldern in Bergen im Westen von China.

Die Hauptnahrung des Pandabären ist Bambus – somit ist er ein sogenannter Nahrungsspezialist. Im Gegensatz dazu ist beispielsweise der Braunbär ein Nahrungsgeneralist, denn er ist ein Allesfresser.

Weil die Bambuswälder immer mehr abgeholzt werden, sind Pandabären eine stark vom Aussterben bedrohte Tierart. Es wird geschätzt, dass nur noch zwischen 1 500 und 1 800 von ihnen in der freien Natur vorkommen.

Pandabären erreichen eine Körperlänge von 1,2 bis 1,5 Metern und werden 80 bis 160 Kilogramm schwer. Warum ihr Fell eine so auffällige schwarzweiße Zeichnung hat, weiß man nicht. Allerdings hat eine Wiener Forscherin herausgefunden, dass sich die Pandabären an Unterschieden in ihrer Gesichtszeichnung sozusagen „persönlich" erkennen.

Beim Pandabären waren sich Wissenschaftler lange Zeit nicht sicher, ob er wirklich zur Familie der Großbären gehört. Erst durch die Untersuchung seiner Erbinformation in den Zellen konnten sie zeigen, dass der Panda wirklich eng mit den anderen Großbären verwandt ist.

Einen Großteil ihrer Zeit verbringen Pandas damit, zu fressen

Pandabären sind sogenannte Nahrungsspezialisten. Das bedeutet, dass sie im Unterschied zu den Allesfressern (auch Generalisten genannt) auf eine ganz besondere Nahrung spezialisiert sind: Bambus.

Der Koalabär ist ein Beuteltier und gehört nicht zur Familie der Bären. Wie die Kängurus haben die Koalaweibchen einen Beutel. In diesen Beutel wandern die kleinen Koalas, nachdem sie zur Welt gekommen sind. Im Beutel trinken sie die Muttermilch und wachsen dort weiter.

Der Wickelbär wird auch Honigbär genannt. Er lebt in Mittel- und Südamerika. Auffallend ist sein extrem langer Schwanz. Damit kann dieser Kleinbär sogar greifen, und er setzt ihn geschickt beim Klettern ein, wie eine fünfte Hand.

Bären – und doch keine

Die Kleinbären haben außer ihrem Namen nicht viel gemeinsam mit den Großbären. Sie besitzen spitze statt runde Ohren, und teils zeigt ihr Fell auffällige Muster. Ihre Schwänze sind außerdem lang. Wie bei großen Katzen, dem Leopard oder dem Jaguar, hilft ihnen dieser lange Schwanz beim Klettern. Sie vermögen damit das Gleichgewicht besser zu halten. Im Unterschied zu den Großbären können die Kleinbären zudem ihre Krallen einziehen.

Der bekannteste Kleinbär ist der Waschbär. Zu den Kleinbären gehören aber auch die Makibären, die Katzenfrette, die Nasenbären und die Wickelbären. Der Kleine Panda ähnelt ebenfalls den Kleinbären. Er ist jedoch nur entfernt mit ihnen verwandt.

Ein paar Tiere, die in ihrem Namen das Wort „Bär“ tragen, haben mit Bären eigentlich gar nichts zu tun – ihren Namen erhielten sie nur aufgrund gewisser Ähnlichkeiten.

Waschbären sind Kleinbären. Sie stammen aus Nordamerika, sind mittlerweile aber auch in Mitteleuropa heimisch.

Ameisenbären haben keine Zähne. Ihre lange Nase und ihre noch längere und klebrige Zunge sind extrem gut an ihre Leibspeise angepasst – Ameisen und Termiten. Mit Bären sind sie nicht verwandt. Hier siehst Du ein Muttertier mit ihrem Jungen. Diese Art der Ameisenbären wird auch Tamandua genannt.

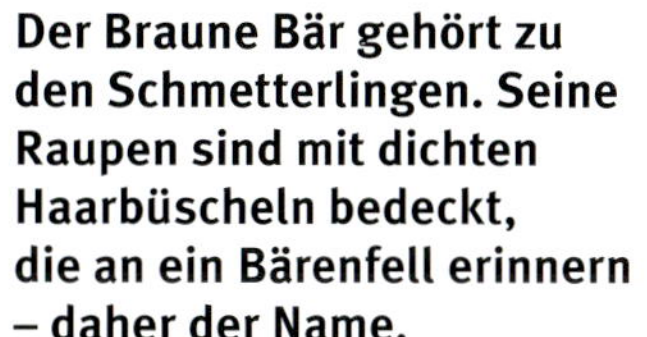

Der Braune Bär gehört zu den Schmetterlingen. Seine Raupen sind mit dichten Haarbüscheln bedeckt, die an ein Bärenfell erinnern – daher der Name.

So gehören etwa der Koalabär, der Ameisenbär oder der Seebär weder zu den Groß- noch zu den Kleinbären. Der Koala ist ein Beuteltier und somit näher mit den Kängurus verwandt als mit den Bären. Durch sein niedliches Gesicht gleicht er mehr einem Teddybären als einem richtigen Bären, findest Du nicht? Der Ameisenbär kann sich wie die Großbären auf die Hinterbeine stellen, ist aber nicht mit den Bären verwandt.

Weshalb die Seebären, die zu den Robben gehören, so genannt werden, wissen wir nicht, vielleicht wegen ihres dichten Fells?

Schließlich gibt es sogar Insekten mit Bärennamen! Zwei Schmetterlingsarten heißen Brauner Bär und Schwarzer Bär. Ihre Namen haben sie deshalb erhalten, weil ihre Raupen besonders dicht behaart sind.

Nasenbären haben eine lange, spitze Schnauze, die sehr beweglich ist – fast wie ein Rüssel. Damit kommen sie besser an ihre Nahrung. Diese Kleinbären leben in Nord- und Südamerika.

Überall Bären – aber stark bedroht

Wenn wir hier in Europa von Bären sprechen, denken wir zuallererst an Braunbären. Deshalb handeln die folgenden Kapitel vor allem von dieser Art. Viele ihrer Verhaltensweisen sind jedoch bei allen Arten der Großbären ähnlich.

Der Braunbär lebt in ganz unterschiedlichen Lebensräumen. Er kommt in den steilen Bergen und auch in offenen Graslandschaften oder an der Meeresküste vor. Er lebt in heißen und trockenen Wüsten, aber ebenso in nassen und kalten Wäldern. Alle Braunbären auf der Welt gehören zwar zur selben Tierart, sie sind aber in viele kleinere Gruppen aufgeteilt, die als Populationen bezeichnet werden. So gibt es allein in Europa etwa zehn verschiedene Braunbären-Populationen.

Verbreitung des Braunbären in Europa. Außerdem gibt es Braunbären in Nordamerika und Asien.

Ein Braunbär aus Norditalien

Auf den ersten Blick hast Du vielleicht den Eindruck, dass es viele Braunbären auf der Welt gibt. Aber etliche von ihnen sind heute in Gefahr und sogar vom Aussterben bedroht. Obwohl der Bär an vielen Orten geschützt ist, wird er immer noch gejagt. Heute geht es bei der Bärenjagd nicht mehr darum, das Fleisch und das Fell zu nutzen, sondern nur um die Trophäe, also dass der Jäger sich als Siegeszeichen beispielsweise den ausgestopften Kopf an die Wand hängen kann. Jäger bezahlen viel Geld, um einen Bären zu töten.

Gleichzeitig wird der Lebensraum der Bären immer kleiner. Der Mensch nutzt mehr und mehr Land für die Landwirtschaft und um Straßen und Siedlungen zu bauen. Jedes Jahr werden dafür riesige Waldflächen abgeholzt.

Jetzt weißt Du, dass die Braunbären wirklich in Gefahr sind, vor allem solche aus sehr kleinen Populationen. Sie brauchen unsere Hilfe, damit sie nicht sogar ganz aussterben oder wir sie nur noch in Zoos sehen können.

Braunbären sind sehr weit verbreitet, aber in vielen Ländern bereits ausgerottet oder extrem selten geworden

Mit Geruchs- und anderen Markierungen an Kratzbäumen verständigen sich Bären untereinander. Nach einem Zwischenstopp am Kratzbaum weiß ein Bär über die Anwesenheit anderer Bären Bescheid.

Riechen, hören und sehen wie ein Bär

Was meinst Du, welches Tier hat die feinere Spürnase: ein Hund oder ein Bär? Du wirst vielleicht staunen, aber es sind tatsächlich die Bären! Sie riechen etwa sieben Mal besser als die besten Spürhunde!

Der Geruchssinn ist für die Bären der wichtigste Sinn. Damit können sie Gerüche wahrnehmen, die kilometerweit entfernt sind, beispielsweise von Nahrung. Die Nase eines Bären ist deshalb ziemlich groß. Das erkennst Du besonders gut, wenn Du ihn von der Seite betrachtest.

Die Oberfläche im Inneren der Nase, mit der wir Gerüche wahrnehmen, wird Riechschleimhaut genannt. Sie ist bei einem Bären hundert Mal größer als bei uns Menschen! Auch die Regionen im Gehirn, die Gerüche verarbeiten, sind bei Bären etwa fünf Mal größer als bei uns. Die Welt der Bären besteht deshalb vor allem aus Gerüchen.

Bären brauchen ihre Nase, um Nahrung aufzuspüren. So können sie Muscheln riechen, selbst wenn diese im Sand vergraben sind. Ein Eisbär riecht einen Seehund unter einem Meter dicken Eis!

Aber auch bei der Verständigung untereinander setzen Bären ihre Nase ein. Große Männchen, die zuoberst in der Rangordnung stehen, hinterlas-

Geruchsspuren verraten Bären viel über die Artgenossen, die sie hinterlassen haben

Dass der Sehsinn für die Bären durchaus wichtig ist, kannst Du erkennen, wenn ein Bär sich auf seine Hinterbeine aufrichtet. Das tut er, damit er weiter sehen kann! Dieses Verhalten hat nichts damit zu tun, dass ein Bär bedrohlich wirken will.

sen ihren Geruch an sogenannten Kratzbäumen. Sie markieren auch mit ihrem Urin, ähnlich wie Hunde. Damit zeigen sie: „Das ist mein Gebiet!“

Am Geruch merken Männchen während der Paarungszeit auch, ob sich irgendwo ein paarungsbereites Weibchen befindet.

Wenn Du also draußen in der Natur irgendwo unterwegs bist, wo es Bären hat, kannst Du davon ausgehen, dass sie Deinen Geruch wahrgenommen haben, auch wenn Du sie nie zu Gesicht bekommst.

Trotz ihrer außergewöhnlich feinen Nase sind die anderen Sinne der Bären nicht schlechter als unsere. Es wird häufig behauptet, dass Bären nicht gut sehen könnten, weil ihre Augen recht klein sind. Aber das stimmt nicht – tagsüber sehen sie etwa gleich gut wie wir. Im Dunkeln können sie sogar besser sehen als der Mensch. Wie Katzen und Hunde haben sie hinten im Auge eine spiegelnde Schicht, die das Licht zurückwirft. Damit können Bären schwaches Licht besser nutzen, um auch dann noch deutlich zu sehen, wenn es ziemlich dunkel ist. Diese spiegelnde Schicht ist der Grund dafür, dass die Augen von Katzen im Dunkeln leuchten, wenn Du ein Licht auf sie richtest. Das Gleiche würde auch bei einem Bären geschehen – das probierst Du aber besser nicht aus!

Über das Gehör der Bären weiß man nicht so viel. Forscher nehmen aber an, dass Bären mindestens so gut hören wie wir Menschen. Ähnlich wie Hunde können sie wahrscheinlich sogar ganz hohe Töne wahrnehmen, die wir Menschen längst nicht mehr hören.

Bärenhunger

Du kennst Bären vielleicht als geschickte Lachsfänger oder als Jäger. In Wahrheit sind sie aber nicht nur Fleischfresser. Die meisten Bären sind absolute Allesfresser. Je nachdem, wo ein Bär lebt, ernährt er sich sogar fast nur vegetarisch, auch Braunbären.

Diejenigen Braunbären in Nordamerika, die an der Küste leben, schlemmen an unzähligen Lachsen, die dort im Sommer und Herbst flussaufwärts wandern, um sich fortzupflanzen. Im Frühling, wenn es noch keine Fische hat, fressen sie saftiges Gras, das an der Küste auf großen Wiesen wächst. Auch Muscheln, die sie bei Ebbe am Strand ausgraben, lassen sie sich schmecken.

Ein Braunbär, der bei uns in den Alpen lebt, bekommt dagegen nie einen Lachs zwischen die Zähne. Diese Bären fressen vor allem pflanzliche Nahrung. Dazu gehören Baumfrüchte wie Eicheln, Bucheckern oder Kastanien sowie Wurzeln, Nüsse und Beeren. Daneben lassen sich europäische Braunbären auch Pilze und Insekten schmecken. Manchmal erwischen sie vielleicht ein kleineres Tier, zum Beispiel Nagetiere oder Vögel. Auch Aas, also ein totes Tier, wird gefressen.

Bären sind bei der Suche nach Nahrung sehr erfinderisch. Mit ihren Tatzen sind sie erstaunlich geschickt. Sie können graben, Baumrinde entfernen, Muscheln öffnen oder einen Fisch mit einem Tatzenschlag töten.

Bären lernen schnell, wo sie etwas zu fressen finden. Sie haben ein sehr gutes Gedächtnis und kommen immer wieder dorthin zurück, wo sie Nahrung entdeckt haben. Wenn Bären in der Nähe von Menschen leben, muss

Wusstest Du, dass Braunbären Gras fressen? Wie Kühe auf einer Weide grasen viele Bären im Frühling. So kann sich ihre Verdauung nach dem langen Winter langsam wieder an die Nahrung gewöhnen.

Die Hauptnahrung vieler Braunbären in Nordamerika sind Lachse

Immer hungrig

Weil der Braunbär den ganzen Winter über nichts frisst, ist er im Sommer vor allem mit einem beschäftigt: der Suche nach Nahrung! Dabei ist er auch nicht allzu wählerisch. Fast alles Fressbare, was ihm zwischen die Tatzen kommt, lässt er sich schmecken.

Ein Sprichwort besagt, dass ein „gefütterter“ Bär in der Regel als toter Bär endet, was sich leider immer wieder bewahrheitet. Daher ist es extrem wichtig, solche „Futterquellen“ vor den Bären zu schützen, zum Beispiel mit bärensicheren Abfalleimern oder Elektrozäunen.

Oben links: Ein besonderer Leckerbissen für Braunbären sind Fischeier. Mit einem Tatzengriff drückt der Bär sie dem gefangenen Fisch aus dem Bauch, um sie dann genüsslich aufzulecken.

man deshalb sehr gut aufpassen, dass alles Essbare „bärensicher“ aufbewahrt wird. Ein Abfalleimer braucht zum Beispiel einen besonderen Deckel, den die Bären mit ihren Tatzen nicht öffnen können. Ein Bienenstock kann mit einem elektrischen Zaun geschützt werden.

Mit solchen Tricks lässt sich verhindern, dass der Bär an diese menschliche Nahrung herankommt. Tut man das nicht, kann es gefährlich werden – nicht nur für uns Menschen, sondern auch für die Bären! Hat ein Bär nämlich einmal gelernt, dass er bei uns Nahrung findet, verliert er seine Scheu vor uns. Solche Bären können richtig aufdringlich werden. Um Unfälle mit ihnen zu verhindern, gibt es dann häufig keine andere Lösung, als sie zu töten. Der beste Weg, um Bären zu schützen, ist also, dafür zu sorgen, dass sie bei uns niemals Nahrung finden!

Beim Fischfang hat jeder Braunbär seine Lieblingsmethode. Einige sitzen geduldig am Ufer und preschen dann blitzschnell ins Wasser, wenn sie einen Fisch sehen. Die einen bewegen sich ganz leise und behutsam, wenn sie Fische jagen, andere veranstalten dagegen ein riesiges Gespritze und Geplansche.

Auch im Wasser zu Hause

Braunbären bewegen sich nicht nur zu Fuß, sondern fühlen sich auch im und unter Wasser sehr wohl. Sie können problemlos kilometerweit schwimmen. Um Fischreste zu holen, tauchen sie auch mehrere Meter tief. Wissenschaftler vermuten, dass Bären vielleicht sogar unter Wasser riechen können. Es ist nämlich erstaunlich, wie zielsicher sie im nassen Element Nahrung finden.

Wo es reichlich Nahrung gibt, jagen Bären auch schon mal in unmittelbarer Nachbarschaft zueinander

Immer auf Achse

Wie Du jetzt weißt, sind Bären ständig auf Nahrungssuche. Im Verlauf des Jahres wandern sie vor allem dorthin, wo es gerade am meisten zu fressen gibt. Deshalb beanspruchen sie kein festes Revier, das sie gegenüber anderen Bären verteidigen. Sie haben vielmehr ein Streifgebiet, in dem sie sich bewegen. Dieses ist unterschiedlich groß, je nachdem, wie viel Nahrung ein Bär darin findet. In Alaska, wo es wegen der vielen Lachse sehr viel Nahrung hat, sind die Streifgebiete eher klein. Bei uns in Europa sind die Streifgebiete viel größer.

Auch wenn sie nicht so aussehen, können Bären ganz schön schnell unterwegs sein! Ein Bär kommt auf eine Geschwindigkeit von 60 Kilometern pro Stunde. Das ist über eineinhalb Mal schneller als die besten menschlichen 100-Meter-Sprinter! Über eine kurze Strecke kann ein Bär sogar schneller sein als ein Pferd. Ein solches Tempo hält er zwar nicht lange durch, aber trotzdem können Bären große Strecken zurücklegen. Innerhalb weniger Tage wandert ein Braunbär problemlos mehr als hundert Kilometer weit.

Bären als soziale Tiere?

Unter den Küstenbraunbären Alaskas kommt es immer wieder zu regelrechten Ansammlungen, sogar unabhängig von einer reichhaltigen Nahrungsquelle. Es scheint, als ob viele Bären die Nähe zu ihren Artgenossen bewusst aufsuchen. Die Tiere leben in einem sozialen Gefüge. Wusstest Du, dass sich viele der Bären persönlich untereinander kennen? Dieses Verhalten deutet auf einen intensiven gemeinsamen Umgang untereinander. Es zeigt, dass zumindest manche Bären vielleicht doch nicht solche Einzelgänger sind, wie lange angenommen wurde.

Im Frühjahr lassen sich auch mehrere Bären beim gemeinsamen Grasen beobachten

Um seine Dominanz zu zeigen, stampfen die Bären ganz langsam und möglichst breitbeinig durch die Gegend. Dabei sehen sie ähnlich aus wie ein Cowboy, der zu lange auf seinem Pferd gesessen hat. Deshalb wird diese Drohgebärde auf Englisch auch „Cowboy Walk“, also Cowboy-Gang genannt.

Einzelgänger – oder doch nicht?

Bären sind Einzelgänger. Das heißt, jeder Bär ist grundsätzlich alleine unterwegs. Sie bilden keine Rudel, im Gegensatz beispielsweise zu Wölfen. Die einzige Ausnahme bilden Bärenmütter, die mit ihren Jungen zusammen sind. Auch Bärengeschwister bleiben manchmal noch eine Weile zusammen, nachdem ihre Mutter sie verlassen hat.

Wenn sich irgendwo viele Bären auf kleinem Raum versammeln, zum Beispiel während der Lachswanderung, geschieht dies vor allem, weil dort viel Nahrung auf kleinem Raum vorkommt. Trotzdem schaut aber jeder Bär im Prinzip für sich und versucht, den Artgenossen so gut wie möglich aus dem Weg zu gehen. Damit es bei so vielen Bären nicht ständig zu Streitereien kommt, legen sie unter einander eine Rangordnung fest. Mit der Zeit weiß jeder Bär, wo sein Platz ist.

Um diese Rangordnung „auszuhandeln“, benutzen die Bären vor allem ihre Körpersprache. Bären geben nur wenige Geräusche von sich. Das Gebrüll, das Du in Filmen von Bären hörst, ist meistens nicht echt! Viel wichtiger ist für die Bären ihre Körperhaltung. Damit vermitteln sie Artgenossen ihre Dominanz, also ihre Überlegenheit, oder auch, dass sie sich unterwerfen.

Sogar wenn es so aussieht, als ob ein Bär einen Artgenossen attackieren würde, handelt es sich meistens um einen sogenannten Scheinangriff. Der Angreifer macht dabei ein paar wuchtige Sätze auf seinen Gegner zu. Dann bremst er abrupt ab. Auch hierbei geht es vor allem darum, seine Kraft und Größe zur Schau zu stellen.

Die Rangordnung der Bären wird nämlich vor allem durch ihre Größe bestimmt. Zuoberst stehen die größten, älteren Männchen. Sie beanspruchen auch die besten Futterplätze.

Erstaunlicherweise stehen auch Bärenmütter mit Jungen weit oben in der Rangordnung, obwohl sie kleiner sind als manche Männchen. Das liegt wahrscheinlich daran, dass sie sich anderen Bären gegenüber aggressiver verhalten, weil sie ihre Jungen beschützen müssen.

Zuunterst in der Rangordnung befinden sich die jüngeren Bären, vor allem junge Weibchen.

Dass Bären selten wirklich gegeneinander kämpfen, hat einen guten Grund. Die Kraft der Bären ist so gewaltig und ihre Krallen und Zähne sind so scharf, dass sie einander bei einem Kampf leicht verletzen können. Das versuchen die Bären möglichst zu vermeiden.

Echte Kämpfe gibt es fast nur während der Paarungszeit. Wenn zwei Männchen das gleiche Weibchen zu erobern versuchen, fliegen manchmal die Fetzen! Die Spuren dieser Kämpfe erkennt man bei älteren Männchen an ihren zahlreichen Narben.

Unter jüngeren Bären, vor allem unter jungen Männchen, kommt es oft zu Rangeleien. Mit diesen Spielkämpfen üben sie bereits für später.

Einzigartig: Kein anderes Tier von der Größe des Braunbären hält eine Winterruhe

Unten: Im Spätherbst zieht es die Braunbären in die Berge, wo sie sich eine Höhle suchen

Bären als Vorbild für einen Flug zum Mars?

Bei uns Menschen werden Muskeln abgebaut, wenn wir uns längere Zeit nicht bewegen, zum Beispiel wenn wir krank sind und lange im Bett liegen müssen. Bei Bären in der Winterruhe dagegen passiert das nicht.

Wissenschaftler möchten herausfinden, wie genau die Bären das machen. Dieses Wissen wäre beispielsweise für die Raumfahrt sehr hilfreich. In der Schwerelosigkeit bauen sich die Muskeln nämlich auch ab. Für einen langen Flug im Weltraum, etwa eine Reise zum Mars, muss also ein Weg gefunden werden, damit das nicht passiert. Hier können wir vielleicht vom Körper der Bären etwas Wichtiges lernen!

Die Winterruhe – eine körperliche Meisterleistung

Bären sind wahre Meister im Energiesparen. Kannst Du Dir vorstellen, mehr als ein halbes Jahr lang nichts zu essen oder zu trinken und auch nicht zur Toilette zu gehen? Genau das machen nämlich Braunbären und Schwarzbären jeden Winter. Weil es dann nicht genügend Nahrung gibt, halten sie eine Winterruhe. Im Herbst ziehen sie sich dazu in eine Höhle zurück und verlassen diese erst im Frühling wieder.

In ihrer Höhle verbringen die Bären also fünf bis sieben Monate in einem Tiefschlaf. Sie sind somit wahre Langschläfer! Während dieser Zeit nehmen sie keine Nahrung und auch keine Flüssigkeit zu sich und geben weder Kot noch Urin ab.

Für den Körper ist das eine Spitzenleistung! Die Bären müssen während dieser ganzen Zeit nur mit den Fettreserven auskommen, die sie sich im Sommer angefressen haben. Um das zu schaffen, schaltet ihr Körper in einen ausgesprochen wirkungsvollen Energiesparmodus um. Statt fünfzigmal pro Minute schlägt das Herz nur noch etwa zehnmal. Sie verbrauchen auch nur noch etwa halb so viel Sauerstoff wie sonst, atmen also viel weniger.

Im Gegensatz zu anderen Tieren wie den Murmeltieren, die einen echten Winterschlaf halten, sinkt die Körpertemperatur der Bären jedoch nur um wenige Grad ab. So können sie zwischendurch aus ihrem Tiefschlaf aufwachen und bewegen sich auch ab und zu in ihrer Höhle.

Die Fettreserven, von denen der Bär während der Winterruhe lebt, werden nach und nach abgebaut. Somit haben die Tiere im Frühling ein Drittel oder fast die Hälfte ihres Körpergewichts verloren. Bei Bärenmüttern ist es manchmal sogar noch mehr! Eine Bärin, die im Herbst 250 Kilogramm wog, kann während der Winterruhe gut über 100 Kilogramm ihres Körpergewichts verlieren.

Ein Giftstoff wird wiederverwertet

Eine wichtige Funktion von Urin besteht normalerweise darin, giftige Stoffe und Abfallprodukte des Körpers auszuscheiden. Dazu gehört vor allem auch der Harnstoff. Wenn sich zu viel Harnstoff im Körper ansammelt, ist dieser giftig. Deshalb wenden die Bären hier einen ganz besonderen Trick an: Sie können den Harnstoff umwandeln, sodass daraus wieder Bausteine für Eiweiße entstehen. Dieser Trick hat zwei Vorteile: Erstens wird der Giftstoff abgebaut und zweitens können die Bären daraus sogar wieder neue Eiweiße bilden. Eiweiße benötigt der Körper überall, z. B. auch in den Muskeln – sie sind sehr wichtig.

Mutter Braunbär bringt pro Wurf ein, zwei oder drei Junge zur Welt, in sehr seltenen Fällen auch vier

Auch ein Bär fängt mal klein an

Die meisten Bärenbabys wiegen etwa 350 Gramm, wenn sie zur Welt kommen – das entspricht dreieinhalb normalen Tafeln Schokolade. Dieses Schwarzbärenbaby ist schon zehn Tage alt.

Die Winterruhe der Bären umfasst noch etwas ganz Besonderes: Während dieser Zeit kommen die Jungen zur Welt! Die neugeborenen Bärchen haben noch kein Fell, sind blind und winzig klein. Während ihre Mama meistens schläft, tasten sie sich zu den Zitzen und saugen ihre nahrhafte Milch. Bärenmilch gehört zu den fettreichsten aller Säugetiere! Sie enthält etwa zehnmal mehr Fett als die Muttermilch bei uns Menschen. Der hohe Fettgehalt bringt viel Energie mit sich, sodass die Kleinen rasch heranwachsen.

Nach etwa vier Wochen öffnen die Jungen die Augen und beginnen, ihre Höhle zu erkunden. Im Frühling, wenn die Bärchen mit ihrer Mutter zusammen die Höhle verlassen, wiegen sie beim Braunbären rund sieben Kilogramm und sind etwa so groß wie ein kleiner Hund.

Die Jungen bleiben meistens zwei oder drei Jahre bei ihrer Mutter. Im ersten Jahr ernähren sie sich vor allem von Muttermilch. Danach nehmen die Bärenjungen mehr und mehr feste Nahrung zu sich. Von ihrer Mutter lernen die Kleinen alles, was sie für ihr späteres Bärenleben wissen müssen. Sie zeigt ihnen, wo man Futter findet, wie man Fische fängt und wie man sich eine Winterhöhle sucht. Auch durch das Spielen mit ihren Brüdern oder Schwestern lernen die kleinen Bären. Bärenväter hingegen haben mit dem Aufziehen der Jungen nichts zu tun.

Im zweiten oder dritten Sommer, nachdem die kleinen Bären geboren wurden, verlässt die Mutter sie. Nun sind die Jungen auf sich alleine gestellt. Häufig bleiben aber die Geschwister aus einem Wurf noch einige Zeit zusammen und verbringen ihre erste Winterruhe miteinander. So fällt der Übergang ins Erwachsenenleben etwas leichter als ganz alleine!

Bären werden geschlechtsreif – also alt genug, um selber Junge zu bekommen –, wenn sie vier bis sechs Jahre alt sind. Junge aufzuziehen, ist eine äußerst schwierige Aufgabe! Die Mutter muss zuerst einmal genug Fettreserven aufbauen, um den Winter über genug Muttermilch für die Jungen produzieren zu können. Auch danach muss sie genug Nahrung für sich und ihre Jungen finden.

Zudem muss sie ihre Jungen beschützen, und das sogar und vor allem vor anderen Bären! Ganz besonders im Frühling, wenn die Tiere nach der langen Winterruhe hungrig sind, muss die Bärenmama aufpassen, dass ihre Jungen nicht von einem anderen Bären getötet werden. Bis Weibchen erfolgreich Junge aufziehen können, sind sie deshalb meistens sieben oder acht Jahre alt.

Von Mutters Rücken aus ist die Aussicht prima!

Bärenjunge sind sehr verspielt!

Die Rückkehr der Bären

Bald nachdem die letzten Bären in Deutschland, Österreich und der Schweiz getötet worden oder abgewandert waren, wurden die restlichen Bären in Mitteleuropa unter Schutz gestellt. Dazu gehörten auch die letzten Braunbären in den Alpen. In Italien, in der Region Trentino, lebten nur noch etwa fünf Tiere. Um ihr Überleben zu sichern, wurden um die Jahrtausendwende zehn Bären aus Slowenien nach Italien umgesiedelt. Die Umsiedlung klappte, und bald gab es die ersten Jungen. Die Anzahl der Braunbären im Trentino stieg wieder an. Einige dieser jungen Bären haben begonnen, in andere Gebiete abzuwandern. So kamen sie etwa bis nach Deutschland, Österreich und auch in die Schweiz.

Seit einigen Jahren kehren einzelne Bären in die Schweiz, nach Österreich und Deutschland zurück. Sie kommen aus dem italienischen Trentino, dem Zentrum der letzten Alpenbraunbären.

Nutztierherden wie Schafe müssen vor Raubtieren wie Bären und Wölfen geschützt werden, sonst sind Probleme vorprogrammiert

Damit wilde Bären bei uns leben können und nicht zu Problembären (siehe Kasten) werden, müssen wir unsere Lebensweise wieder ein bisschen umstellen. Ganz besonders sollten wir darauf achten, dass die Bären in der Nähe von Häusern und Dörfern keine Nahrung finden. Auch Schafe und andere Tiere, die in den Bergen gehalten werden, müssen wir mit Herdenschutzhunden, Hirten oder Elektrozäunen vor Raubtieren schützen. Nur so können Bären und Menschen friedlich nebeneinander leben. Ein solches Zusammenleben ist möglich – wie das gehen kann, sieht man zum Beispiel in Kanada, in Alaska oder in verschiedenen Ländern Osteuropas.

Die „Problembären" Bruno und JJ3

Der erste Braunbär, der 2006 nach Deutschland kam, wurde Bruno genannt. Von Wissenschaftlern dagegen bekam er den Namen JJ1. Sein Bruder, JJ3, besuchte ein Jahr später die Schweiz. Leider hatten Bruno und JJ3 von ihrer Mutter gelernt, dass es sich lohnt, bei den Menschen nach Futter zu suchen. Ihre Mutter, Jurka, war nämlich in ihrem Streifgebiet in Italien von Menschen gefüttert worden!
Als Bruno in Bayern und in Österreich herumstreifte, plünderte er Bienenstöcke, riss Schafe und machte auch Hühner- und Kaninchenställe unsicher, genauso wie später JJ3. Weil Bruno und JJ3 immer wieder viel zu nahe an Dörfer herankamen, wurden sie zu sogenannten „Problembären" erklärt. Das bedeutet, dass ein Bär seine natürliche Scheu vor den Menschen verloren hat und seine Nahrung fast nur noch in der Nähe von Menschen sucht. Bei solchen Problembären könnte es zu einem Unglück kommen, wenn sie Menschen begegnen. Weil man Bruno und JJ3 dieses Verhalten nicht mehr abgewöhnen konnte, mussten sie leider getötet werden.

Esswaren in Bärengebieten stets bärensicher aufbewahren: Hat es keine speziellen „Bärenkästen", kann man sein Gepäck auch zwischen zwei Bäumen aufhängen, sodass ein Bär nicht herankommt, selbst wenn er auf den Baum klettert. Kochen und Geschirr spülen erledigst Du am besten an einem Ort, der weiter weg vom Zelt ist.

Schlafbereich 50 Meter vom Wald entfernt

Koch- und Essbereich 50 Meter vom Wald und vom Schlafbereich entfernt

Einem Bären begegnen

Schon als Du noch klein warst, hast Du sicher gelernt, dass Straßen mit Autos gefährlich sind. Du weißt, wie Du Dich verhalten musst, um eine Straße sicher zu überqueren. Weißt Du aber auch, wie Du Dich verhalten sollst, wenn Du in der Natur bist, wo Bären leben? Wenn Du die folgenden wichtigen Regeln einhältst, ist eine Begegnung mit einem Bären kaum gefährlicher, als wenn Du eine Straße mit viel Verkehr überquerst.

- Mache Dich stets bemerkbar. Das gilt besonders, wenn das Gelände unübersichtlich ist, wenn es also zum Beispiel viele Büsche oder Bäume hat. Gebrauche Deine Stimme, indem Du Dich mit anderen unterhältst – oder sprich direkt den Bären an, indem Du immer wieder laut sagst: „Hallo, Bär!" Pfeifen und In-die-Hände-Klatschen sind andere Möglichkeiten, Dich bemerkbar zu machen. So weiß der Bär, dass Du in der Nähe bist, selbst wenn er Dich vielleicht nicht sehen kann. Bei starkem Gegenwind oder an rauschenden Gewässern musst Du umso stärker auf Dich aufmerksam machen.

- Sei in einer Gruppe unterwegs und bleib mit den anderen immer nahe zusammen. Streune nicht einzeln durch den Wald! Eine Gruppe Menschen wirkt für den Bären größer, und er hält Abstand.

Eine Möglichkeit, einen Zeltplatz zu schützen, ist ein elektrischer Zaun

Rucksäcke

Mindestens 4 Meter vom Boden und 1,3 Meter von den oberen und seitlichen Stützen entfernt

- Geh äußerst sorgfältig mit Lebensmitteln um. Schließe Essbares und alles, was sonst noch stark riecht, so weg, dass ein Bär nicht herankommt. Wenn Du im Zelt schläfst, bewahre Esswaren oder auch Zahnpasta nie im Zelt auf. Gerüche können nämlich Bären anlocken. Neugierig gehen sie mit ihrer feinen Nase einem neuen Geruch nach – und Du willst ja sicher nicht, dass mitten in der Nacht plötzlich ein Bär seinen Kopf in Dein Zelt steckt!

Aug in Aug mit einem Bären

Wenn Du trotz aller Vorsicht plötzlich einem Bären in der Natur nahe gegenüber stehst, beachte folgende Regeln:

1. **Bewahre Ruhe!**
2. **Laufe nie vor einem Bären davon!**
3. **Sprich mit ruhiger Stimme mit dem Bären!**
4. **Zieh Dich langsam zurück!**

Beobachte den Bären aufmerksam. Falls er sich selber ruhig verhält, musst Du Dich nicht sogleich entfernen. Falls der Bär jedoch unruhig wirkt, zum Beispiel hektische Bewegungen macht oder sogar den Kopf zum Boden senkt und laut zu schnaufen beginnt, dann zieh Dich langsam zurück. Dreh dem Bären jedoch nicht den Rücken zu und schau ihm möglichst nicht direkt in die Augen. Und denke daran: Wenn ein Bär sich auf die Hinterbeine stellt, ist das kein aggressives Verhalten! Der Bär versucht lediglich, einen besseren Überblick zu erhalten.

Mit dieser Haltung signalisiert der Bär, dass er zum Angriff übergehen könnte

Bärenangriffe

Angriffe von Bären auf Menschen sind und bleiben extrem selten. Die Mehrzahl davon sind sogenannte Verteidigungsangriffe. Sie passieren meistens, wenn eine Person alleine ist und einen Bären auf kurze Distanz überrascht. Der Bär fühlt sich bedroht und greift in ganz seltenen Fällen an, um sich selbst zu schützen.
Manchmal attackiert ein Bär auch, weil er eine wertvolle Beute verteidigt, zum Beispiel einen toten Hirsch, von dem er sich wochenlang ernähren kann. Bären, die einen Menschen angegriffen haben, werden in der Regel getötet. Selbst dann, wenn der Mensch selbst schuld war.

Bärenspray: Es gibt einen speziellen Pfefferspray, der extra als Bärenabwehrmittel gemacht wird. Diese Sprays können über fünf Meter weit sprühen! Bitte aufpassen bei Gegenwind!

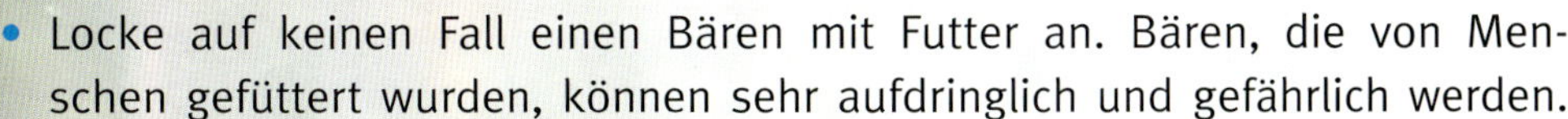

- Locke auf keinen Fall einen Bären mit Futter an. Bären, die von Menschen gefüttert wurden, können sehr aufdringlich und gefährlich werden.

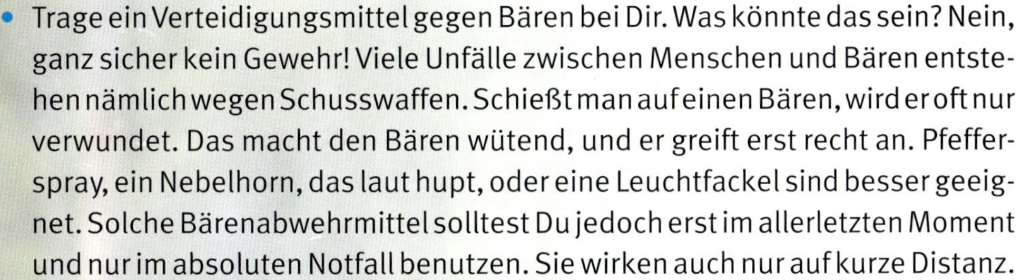

- Trage ein Verteidigungsmittel gegen Bären bei Dir. Was könnte das sein? Nein, ganz sicher kein Gewehr! Viele Unfälle zwischen Menschen und Bären entstehen nämlich wegen Schusswaffen. Schießt man auf einen Bären, wird er oft nur verwundet. Das macht den Bären wütend, und er greift erst recht an. Pfefferspray, ein Nebelhorn, das laut hupt, oder eine Leuchtfackel sind besser geeignet. Solche Bärenabwehrmittel solltest Du jedoch erst im allerletzten Moment und nur im absoluten Notfall benutzen. Sie wirken auch nur auf kurze Distanz.

Wenn Du Dich einem Bären gegenüber richtig verhältst, ist eine Begegnung eigentlich nicht gefährlich. Wenn es zu Unfällen kommt, dann meistens deshalb, weil Menschen sich falsch verhalten. Auch wenn man von solchen Zwischenfällen in den Nachrichten hört, ist das ein ganz seltenes Ereignis. Viele Menschen leben in Gebieten, wo es Bären gibt, und trotzdem passiert nur ganz selten etwas. Bären halten nämlich am liebsten Abstand zu uns. Sie sehen Menschen nie als Beute an. Trotzdem bleiben Bären gefährliche Tiere, ganz einfach, weil sie viel größer und stärker sind als wir.

Wohnen in Bärengebieten

Es gibt viele Orte, wo Menschen in nächster Nähe zu Bären leben. Sie müssen die gleichen Regeln beachten, die auch beim Wandern oder Zelten in Bärengebiet gelten. Das bedeutet zum Beispiel, dass man den Müllsack nicht einfach am Vorabend vor die Tür stellen darf. Man darf auch kein Futter für Haustiere draußen stehen lassen. Fenster und Mülltonnen müssen so verschlossen sein, dass ein Bär sie mit seinen geschickten Tatzen nicht aufkriegt.

Selbst entdecken!

Sogar In Wildparks sind die Tiere oft nicht einfach zu beobachten. Aber findest Du es nicht auch viel spannender, wenn Du die Bären nach einer Weile selbst entdeckst, fast wie in der Natur?

Bären beobachten

In diesem Kapitel wollen wir Dir zeigen, wo Du mit Deiner Familie Bären beobachten kannst. Heute gibt es viele moderne Zoos und Parks, in denen Bären möglichst artgerecht gehalten werden. Bären werden nicht mehr einfach „ausgestellt“, wie dies früher der Fall war. Stattdessen werden die Gehege so geplant, dass sie dem natürlichen Lebensraum der Bären möglichst ähnlich sind. Es gibt also auch Orte im Gehege, wo die Bären sich zurückziehen können. Das bedeutet, dass Du die Tiere nicht immer und überall einfach so sehen kannst. Du musst die Bären vielleicht sogar etwas suchen. Das braucht Zeit und Geduld.

Einen Bären wie hier im Arosa Bärenland in der Schweiz zu beobachten, ist ein unvergessliches Erlebnis!

Möchtest Du nicht auch gerne sehen, wie die Bären Amelia, Meimo, Sam und Jamila trotz ihrer traurigen Vergangenheit ihre natürlichen Instinkte wiederentdecken? Ein Besuch im „Arosa Bärenland“ lohnt sich auf jeden Fall.

Bärenwald Müritz

An der Südspitze des Plauer Sees in Mecklenburg-Vorpommern entstand 2006 das größte Bärenschutzzentrum Westeuropas. Es ist ein riesiges Gehege mit Wald, Wiesen, Bächen und Teichen. Dort finden Braunbären, die aus kleinen Käfigen in schlecht geführten Zoos oder Zirkussen gerettet wurden, ein neues Zuhause mit viel Platz zum „Bär sein".

Leider werden in manchen Ländern auch heute noch Bären in kleinen Käfigen gehalten

Arosa Bärenland

Im Herzen der Bergwelt von Graubünden in der Schweiz liegt das „Arosa Bärenland". Amelia und Meimo sind zwei Bären aus Albanien, die früher in winzigen Käfigen gehalten wurden. So wie Sam und Jamila, die den beiden Gesellschaft leisten. Heute können die vier Bären in einem großen Gehege in den Bergen ihre ursprünglichen Instinkte ausleben und zumindest ein kleines Stückchen Freiheit wiederentdecken.

Bärenwald Arbesbach

Auch in Österreich gibt es Bären zu sehen, und zwar im „Bärenwald Arbesbach" in Niederösterreich. Auch dieses Zentrum bietet ein artgemäßes Zuhause für gerettete Bären.

Stereotypes Verhalten

Wenn Bären oder auch andere Wildtiere schlecht gehalten werden, zum Beispiel in kleinen Käfigen, und ihren Bewegungsdrang nicht ausleben können und andauernd frustriert sind, wiederholen sie mit der Zeit immer wieder genau die gleichen Bewegungen. Das nennt man: stereotypes Verhalten. Einige Tiere verinnerlichen dieses Verhalten und behalten es ihr Leben lang, selbst wenn sie später in großen und naturnahen Anlagen gehalten werden.

Beobachte die Bären genau. Zeigen die Tiere ein krankhaftes Verhalten, also ein stereotypes Verhalten, kannst Du annehmen, dass das jetzige Gehege zu klein ist oder das frühere zu klein war.

Wenn Tiere in großen und naturnahen Anlagen gehalten werden, zeigen sie in der Regel jedoch kein stereotypes Verhalten. Zudem achten die Tierpfleger heute stark darauf, die Bären gezielt zu beschäftigen. Zum Beispiel verstecken sie das Futter, sodass die Bären es suchen müssen, und sie bieten ihnen die Möglichkeit zum Graben, Klettern und Schwimmen.

In Alaska, in Nordamerika, gibt es noch riesige Gebiete mit wertvollem Lebensraum für Bären

David, der Hauptautor dieses Bands der Entdecke-Reihe, mit Luunie, einem der Bären, mit denen der Bärenforscher gegenseitiges Vertrauen aufbauen konnte

Mein Leben als Bärenforscher

Ich wurde 1977 in der Schweiz in der Bärenstadt Bern geboren. Fünfundzwanzig Jahre später zog es mich in die unberührte Wildnis von Alaska. Ich wollte die Lachse bei ihrer faszinierenden Wanderung beobachten. Und wo es Lachse gibt, sind die Bären meist nicht weit. Diese mächtigen Raubtiere kannte ich vorher nur aus Tierparks. Ich hatte große Angst vor den ersten Begegnungen mit wilden Bären in freier Natur.

Doch bald realisierte ich, dass die Bären wohl noch viel mehr Angst vor uns Menschen haben. Ich war fasziniert von diesen Wesen und beobachtete sie stunden- und tagelang.

Wusstest Du, dass jeder Bär einzigartig ist und sich durch sein Verhalten und sein Äußeres von allen anderen Bären unterscheidet, genau wie bei uns Menschen? Über viele Jahre habe ich im Sommer immer wieder dieselben Gebiete besucht und viel Zeit dort verbracht. So lernte ich, einzelne Bären voneinander zu unterscheiden.

Unter den Bären gibt es solche, die wie ich gerne am selben Ort bleiben. Einige von ihnen waren mir gegenüber nicht scheu und zum Teil sogar neugierig. Diese Bären näherten sich mir mit der Zeit von sich aus. Zu einigen von ihnen konnte ich so ein gegenseitiges Vertrauen aufbauen. Mittlerweile kenne ich einige Bären seit vielen Jahren und habe ihnen Namen gegeben – zum Beispiel Luna, Balu, Bruno, Joya und Luunie. Diese Bären erkenne ich sofort wieder – und ich bin überzeugt, dass auch sie mich und meinen Geruch wiedererkennen.

Nachtbeobachtungen

Kannst Du Dir vorstellen, ganz alleine in der Wildnis nachts Bären zu beobachten? Auch mich schauderte es vor dieser Idee. Aber meine Neugier war so groß, dass ich mir schließlich ein Nachtsichtgerät besorgte, also einen Apparat, mit dem man in der Dunkelheit sehen kann. Damit ging ich mitten in der Nacht los.
Ich staunte, wie viele Bären in der Nacht aktiv sind und sogar Fische fangen. Sie warten dazu am Ufer und lauschen gespannt auf das Plätschern eines Lachses im flachen Wasser. Dann spurten sie los und verfolgen ihre Beute wie ein Blitz. Faszinierend! Manche Bären sind nur in der Nacht aktiv und verstecken sich tagsüber irgendwo im Gebüsch. Andere sind tag- und nachtaktiv – je nach Lust, Laune und sicher auch Hunger.

Um zu einem Bären Vertrauen aufzubauen, braucht es vor allem viel Geduld! Ich lasse immer die Tiere entscheiden, wann und wie nah sie mir kommen wollen. Ich selber verhalte mich ruhig und versuche mich so klein wie möglich zu machen. Häufig knie ich mich dazu hin oder setze mich auf den Boden. So wirke ich für die Bären weniger bedrohlich. Leider ist es nicht mein Beruf, Bärenforscher zu sein. Es gibt nur wenige Menschen, die dieses Glück haben. Aber ich bin Biologe, und Biologen interessieren sich für alle Lebewesen – also fast alles, was kriecht und fliegt und wächst! Das ist auch bei mir so.

Meine Leidenschaft ist aber ganz klar das Beobachten von Bären. Dabei wird mir nie langweilig, selbst wenn ich stundenlang an derselben Stelle sitze. Immer gibt es etwas Neues zu bestaunen und zu entdecken.

Ganz besonders gefällt es mir, die kleinen Unterschiede zwischen den verschiedenen Bären zu erkennen und ihr Verhalten mit Foto- und Filmaufnahmen festzuhalten. Dabei stelle ich mir ganz einfache Fragen, wie zum Beispiel: Wie viele Lachse fängt ein Bär an einem Tag? Benutzt ein Bär spezielle Tricks, um Lachse zu erbeuten? Gibt es bei den Bären auch Rechts- und Linkshänder? Wie verhält sich ein Bär Artgenossen gegenüber? Sind Bären auch nachtaktiv?

Angst habe ich nicht, wenn ein Bär wie Luunie oder Balu mir ganz nahe kommt. Diese Bären kenne ich schließlich sehr gut. Deshalb vertraue ich ihnen, dass nicht plötzlich etwas Schlimmes passiert. Genauso wie sie mir vertrauen, dass ich ihnen nichts Böses will.

Bei Bären, die ich nicht kenne, habe ich aber immer wieder mal Angst. Und das ist gut so. Die Angst sorgt dafür, dass ich nie den Respekt vor den Bären verliere. Weil ich die Bären respektiere, würde ich auch niemals einen Bären anfassen, selbst wenn er mir noch so vertraut ist. Vergiss nicht: Bären sind und bleiben wilde Tiere und keine Kuscheltiere. Sie verdienen stets unseren Respekt.

Seit vielen Jahren verbringe ich so oft wie möglich die Sommermonate bei den Bären in der unberührten Wildnis von Alaska

Wir Menschen dürfen es nicht zulassen, dass die Bären von dieser Welt verschwinden. Gegenwärtig sterben viele Tierarten aus und die Natur leidet unter der Ausbeutung durch uns Menschen. Ich wünsche mir, dass wir besser Sorge tragen um unser Zuhause, die Erde und das Klima. Lassen wir der Natur und den Tieren etwas Platz. Das wird auch uns zugutekommen. Es ist wichtig, dass auch Du einmal Deinen Kindern eine Welt zeigen kannst mit Bergen und Gletschern, Adlern, Lachsen und wilden Bären.

Je mehr wir über Bären lernen, desto besser können wir sie und ihren Lebensraum schützen. Deshalb träume ich von einem eigenen Bärenprojekt, um diese Tiere zu erforschen. Auch mit meinen Vorträgen, Büchern und Filmen möchte ich über diese Tiere aufklären und mich für ihren Schutz einsetzen. Ich versuche, die Wahrheit über diese faszinierenden Wesen aufzuzeigen: Sie sind nicht unsere Feinde, aber auch nicht unsere Freunde. Bären sind einfach Bären – kraftvoll, intelligent und einzigartig!

Der Bär als Schirmart und Symbol für die Wildnis

Wo der Bär heute noch vorkommt, kommen auch viele andere Tier- und Pflanzenarten vor. Wenn wir Bären schützen, helfen wir gleichzeitig vielen weniger bekannten Tieren und Pflanzen. Wissenschaftler bezeichnen Bären deshalb als eine sogenannte Schirmart. Der Bär ist dadurch auch zu einem wunderbaren Symbol für die Wildnis geworden. Wo Bären vorkommen, geht es der Natur gut.

Ich liebe es, das Verhalten der Bären zu beobachten!

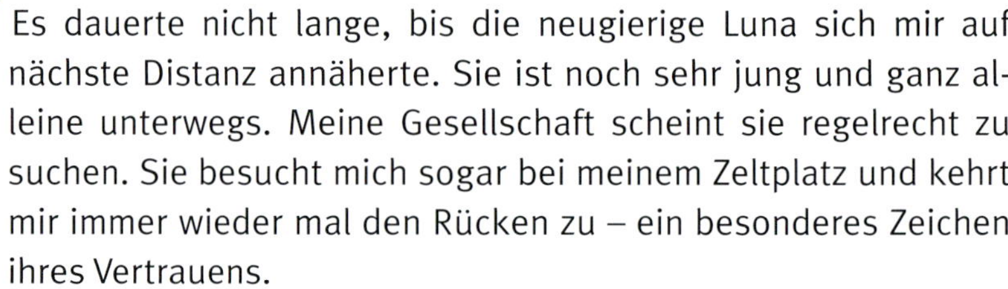

Es dauerte nicht lange, bis die neugierige Luna sich mir auf nächste Distanz annäherte. Sie ist noch sehr jung und ganz alleine unterwegs. Meine Gesellschaft scheint sie regelrecht zu suchen. Sie besucht mich sogar bei meinem Zeltplatz und kehrt mir immer wieder mal den Rücken zu – ein besonderes Zeichen ihres Vertrauens.

Balu ist mein Lieblingsbär. Ich kenne ihn seit mehr als 15 Jahren. Früher war Balu äußerst neugierig. In letzter Zeit hat er sich aber etwas zurückgezogen. Vielleicht hat das damit zu tun, dass ihm vor ein paar Jahren ein anderer Bär eine große Verletzung zufügte. Ich war sehr traurig, als ich das sah, und hatte Angst, dass er die Verletzung vielleicht nicht überleben würde. Meine Freude war riesig, als ich Balu im Jahr darauf jedoch wiedersehen durfte. Die Wunde ist glücklicherweise gut verheilt.

Bruno ist, seit ich ihn kenne, der unangefochtene Boss in der Lagune, wo er zu Hause ist. Er ist der größte und dominanteste Bär, der mir jemals begegnet ist. Mittlerweile ist er bestimmt etwa 25 Jahre alt. Es überrascht mich jedes Jahr von Neuem, dass er wieder da ist und seinen Platz immer noch verteidigen kann. Ich schätze, dass Bruno im Herbst über 800 Kilogramm schwer ist.

Luunie ist meine Lieblingsbärin. Ich kenne sie seit 2006, als ich sie zusammen mit ihrer Schwester Suunie als niedliches Bärenbaby an einem Fluss kennenlernte. Ich durfte mit Luunie ein paar einzigartige Momente teilen: etwa als sie neben mir eine ganz Strecke dahinspazierte oder als sie sich keine Armeslänge von mir entfernt hinlegte und ein Nickerchen machte. Ich warte gespannt auf den Moment, wenn Luunie zum ersten Mal mit eigenen Jungen aufkreuzen wird.

Der Bär entscheidet, wann und wie weit er sich mir nähern will. Im Unterschied zu anderen Menschen lasse ich Bären sehr nah an mich rankommen, wenn sie das selbst wollen.

Angriff einer Bärenmutter

Auf meiner allerersten Reise in die Wildnis von Alaska war ich mit viel Gepäck in einem Schlauchboot unterwegs. Nach einem äußerst anstrengenden Tag ließ ich mich ein Stück treiben. Der Fluss machte eine enge Biegung, und plötzlich standen sie da: eine Bärenmutter mit ihren Jungen, keine zehn Meter vor mir!

Die Bären hatten mich ebenso wenig kommen sehen und waren entsprechend überrascht. Wütend sprang die Bärin sofort auf mich los. Ich ließ mich vom Boot fallen und lag rücklings am Boden. Wütend starrte mich die Bärenmama an. Ich schloss die Augen und schützte meinen Kopf mit meinen Armen. Ich versuchte, die Bärin zu beruhigen. Dann stürmte die Bärenmama mit ihren Jungen zum Glück davon und verschwand im Gebüsch. Es dauerte lange, bis ich mich von diesem Schock erholte. Dann wurde mir bewusst, dass alles mein Fehler gewesen war. Ich hatte vergessen, mich bemerkbar zu machen. Du wirst Dich vielleicht wundern – aber nach diesem Erlebnis fürchtete ich mich weniger vor den Bären. Stattdessen waren meine Neugier und meine Faszination für diese tollen Tiere umso größer geworden.

Großes Bären-Quiz

Du weißt nun schon eine ganze Menge über Bären. Bestimmt kannst Du Deinen Freunden und Verwandten eine ganze Menge über diese faszinierenden Tiere erzählen. Vielleicht hast Du Lust, Dein Wissen zu testen? Dann kreuze bei jeder Frage eine oder mehrere Antworten mit Bleistift an, die Du für richtig hältst. Auf Seite 64 findest Du die Antworten. Viel Spaß!

1. Wie viele verschiedene Arten von Großbären gibt es?

a) Drei ❍
b) Zwölf ❍
c) Acht ❍

2. Welche dieser Bären sind wirklich Bären?

a) Koalabär ❍
b) Ameisenbär ❍
c) Lippenbär ❍

3. Woran kannst Du einen Braunbären am besten von einem Schwarzbären unterscheiden?

a) An der Farbe seines Fells ❍
b) Am Buckel zwischen seinen Schultern ❍
c) An der unterschiedlichen Größe ❍

4. Wo leben die größten Braunbären?

a) In Europa in den Alpen ❍
b) Im Landesinneren von Nordamerika ❍
c) Auf der Insel Kodiak bei Alaska ❍

5. Wie weit kann ein Eisbär am Stück schwimmen?

a) Etwa hundert Meter ❍
b) Ein paar Kilometer ❍
c) Über hundert Kilometer ❍

6. Wieso wurden die Bären in Deutschland, Österreich und der Schweiz ausgerottet?

a) Weil die Bären wie das Mammut und der Höhlenbär einfach ausgestorben sind ❍
b) Weil die Menschen Angst vor ihnen hatten ❍
c) Weil die Bären ihre Nahrung vermehrt in der Nähe des Menschen suchten und dadurch Probleme verursachten ❍

7. Was bedeutet es, wenn sich ein Bär auf die Hinterbeine stellt?

a) Der Bär fühlt sich bedroht und will sich so verteidigen ❍
b) Der Bär macht das, um jemandem zu drohen und anzugreifen ❍
c) Der Bär möchte seine Umgebung besser sehen und Gerüche besser wahrnehmen können ❍

8. Welches ist das wichtigste Sinnesorgan für den Bären?

a) Ohren ❍
b) Nase ❍
c) Augen ❍

9. Was fressen die Braunbären bei uns in Europa am meisten?

a) Pflanzen ❍
b) Fleisch ❍
c) Honig ❍

10. Was fressen die Braunbären, die an der Küste von Alaska leben, im Herbst?

a) Lachse ❍
b) Kastanien ❍
c) Gras ❍

11. In welcher Jahreszeit werden die kleinen Braunbären geboren?

a) Im Frühling .... ❍
b) Im Herbst.. ❍
c) Im Winter... ❍

12. Wie viel Nahrung nimmt ein Bär den Winter über zu sich?

a) Etwa halb so viel wie im Sommer........ ❍
b) Gar keine .... ❍
c) Gleich viel wie sonst .... ❍

13. Warum sind Bären sogar für die Raumfahrt interessant?

a) Weil man Bären als Versuchstiere in den Weltraum schicken kann .... ❍
b) Weil Bären den ganzen Winter über nie zur Toilette gehen müssen .... ❍
c) Weil Bären während des Tiefschlafs der Winterruhe ihre Muskeln nicht verlieren .... ❍

14. Wie legen die Bären ihre Rangordnung fest?

a) Durch ihre Körpersprache .... ❍
b) Durch Kämpfe....................................... ❍
c) Durch lautes Brüllen .... ❍

15. Worauf musst Du achten, wenn Du in einem Bärengebiet unterwegs bist?

a) Sich stets mit Geräuschen bemerkbar machen .... ❍
b) Keine roten Kleider tragen .... ❍
c) Sich nur ganz langsam und leise bewegen.. ❍

16. Was ist die wichtigste Regel, damit Bären und Menschen gut nebeneinander leben können?

a) Bären dürfen bei den Menschen nie Nahrung finden .... ❍
b) Man darf keine Schafe und Bienen mehr halten .... ❍
c) Bären sind so scheu, dass es nie Probleme gibt .... ❍

17. Streichelt David seine Lieblingsbären?

a) Ja, weil er sie seit vielen Jahren kennt und sie ihm aus der Hand fressen .... ❍
b) Ja, aber nur wenn ein Bär von sich aus zu David kommt .... ❍
c) Nein, weil selbst Davids Lieblingsbären wilde Tiere sind, die man nicht anfassen und füttern darf .... ❍

18. Wie ist es möglich, dass David einigen Bären so nahe kommt?

a) Weil sich diese Bären ihm von sich aus annähern .... ❍
b) Weil sich David vorsichtig an die Bären anschleicht... ❍
c) Weil David die Bären mit Futter anlockt .... ❍

19. Wieso wird der Bär auch als Schirmart bezeichnet?

a) Weil der Bär nicht wasserscheu ist und auch keinen Regenschirm braucht ...... ❍
b) Weil im Lebensraum der Bären ganz viele andere Tier- und Pflanzenarten vorkommen .... ❍
c) Weil es der Natur dort, wo der Bär heute noch vorkommt, gut geht .... ❍

20. Warum faszinieren uns Bären seit Tausenden von Jahren?

a) Weil die kleinen Bären so putzig und niedlich aussehen .... ❍
b) Weil Bären uns Menschen Angst machen und weil sie uns angreifen können ..... ❍
c) Weil Bären so kraftvoll und intelligent sind .... ❍

Lösungen zum Bären-Quiz:

1 c) Es gibt acht verschiedene Arten von Großbären.

2 c) Lippenbären gehören zur Familie der Großbären. Der Koalabär und der Ameisenbär hingegen zählen weder zu den Groß- noch zu den Kleinbären.

3 b) Braunbären haben einen Buckel zwischen den Schultern, Schwarzbären nicht.

4 c) Die größten Braunbären der Welt leben auf der Insel Kodiak.

5 c) Ein Eisbär kann ohne Unterbrechung mehr als hundert Kilometer weit schwimmen.

6 b) und c) Bären suchten ihren Nahrung immer mehr in der Nähe des Menschen, weil ihr Lebensraum durch die Abholzung immer kleiner wurde. Dadurch bekamen die Menschen auch mehr Angst vor den Bären.

7 c) Ein Bär stellt sich auf die Hinterbeine, weil er so seine Umgebung besser sehen und Gerüche besser wahrnehmen kann.

8 b) Das wichtigste Sinnesorgan der Bären ist die Nase. Bären haben die feinste Spürnase im ganzen Tierreich.

9 a) Europäische Braunbären fressen hauptsächlich pflanzliche Nahrung.

10 a) Die Bären an der Küste von Alaska fressen im Herbst vor allem Lachse, weil dann die Lachswanderung stattfindet.

11 c) Die jungen Bären werden im Winter geboren, während die Bärenmutter Winterruhe hält.

12 b) Im Winter, während ihrer Winterruhe, nehmen die Bären gar keine Nahrung zu sich.

13 c) Bären sind für die Raumfahrt interessant, weil während ihrer Winterruhe ihre Muskeln nicht abgebaut werden, obwohl sich die Tiere nicht viel bewegen

14 a) Bären legen ihre Rangordnung vor allem durch ihre Körpersprache fest, zum Beispiel mit Imponiergehabe und Drohgebärden

15 a) In einem Bärengebiet ist es am wichtigsten, dass Du Dich immer bemerkbar machst, zum Beispiel indem Du laut sprichst.

16 a) Bären dürfen bei den Menschen nie Nahrung finden, weil sie sonst ihre Scheu verlieren und immer wieder nahe zu den Menschen kommen.

17 c) David berührt die Bären nie, auch wenn sie ihm noch so nahe kommen.

18 a) Die Bären nähern sich David von sich aus an, weil er mit viel Geduld ihr Vertrauen gewinnen konnte.

19 b) und c) Wo Bären leben, geht es der Natur meistens gut. So werden durch den Schutz des Bären auch viele andere Tier- und Pflanzenarten geschützt – sie stehen sozusagen unter seinem Schirm.

20 a, b und c) Bären faszinieren die Menschen seit Urzeiten aus all den genannten Gründen.

Entdecke die Reihe mit der Eule!

Entdecke die Eulen

Entdecke die Greifvögel

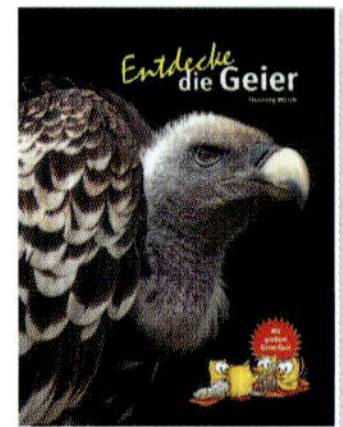
Entdecke die Geier

Entdecke die Rabenvögel

Entdecke die Spechte

Entdecke die Finken

Entdecke die Spatzen

Entdecke die Eisvögel

Entdecke die Zugvögel

Entdecke die Singvögel

Entdecke die Meisen

Entdecke die Kraniche

Entdecke die Störche

Entdecke Schwäne, Gänse & Enten

Entdecke die Möwen

Entdecke die Pinguine

Entdecke die Papageien

Entdecke die Kolibris

Entdecke die Fledermäuse

Entdecke die Hunde

Entdecke die Kühe

Entdecke die Pferde

Entdecke die Esel

Entdecke die Nagetiere

Entdecke die Igel

Entdecke die Maulwürfe

Entdecke die Waschbären

Entdecke die Biber

Entdecke die Otter

Entdecke heimische Wildtiere

Entdecke die Wölfe

Entdecke die Bären

Entdecke die Tiger

Entdecke die Menschenaffen

Entdecke Affen und Lemuren

Entdecke die Hyänen

Entdecke die Pandas

Entdecke die Elefanten

Entdecke die Nashörner

Entdecke die Erdmännchen

Entdecke die Beuteltiere

Entdecke die Robben

Natur und Tier - Verlag GmbH
An der Kleimannbrücke 39/41 · 48157 Münster
Telefon: 0251 - 13339-0 · Fax: 0251 - 13339-33
E-Mail: verlag@ms-verlag.de · www.ms-verlag.de